ÉTUDE EXPÉRIMENTALE

SUR LE

MÉCANISME DES FRACTURES

DU

MAXILLAIRE INFÉRIEUR

PAR

Le Docteur Georges-Louis MASSON

DE LA FACULTÉ DE MÉDECINE DE PARIS

PARIS

VIGOT FRÈRES, ÉDITEURS

23, PLACE DE L'ÉCOLE-DE-MÉDECINE, 23

1911

ÉTUDE EXPÉRIMENTALE

SUR LE

MÉCANISME DES FRACTURES

DU

MAXILLAIRE INFÉRIEUR

ÉTUDE EXPÉRIMENTALE

SUR LE

MÉCANISME DES FRACTURES

DU

MAXILLAIRE INFÉRIEUR

PAR

Le Docteur Georges-Louis MASSON

DE LA FACULTÉ DE MÉDECINE DE PARIS

PARIS

VIGOT FRÈRES, ÉDITEURS

23, PLACE DE L'ÉCOLE-DE-MÉDECINE, 23

1911

A LA MÉMOIRE DE MES GRANDS-PARENTS

A MES PARENTS

A MES AMIS

Ce modeste travail me donne l'heureuse occasion de témoigner ici ma reconnaissance à tous mes maîtres des Hôpitaux, de la Faculté de médecine et de l'École de Stomatologie qui se sont toujours prodigués pour que leurs élèves héritent de la science qu'ils avaient péniblement acquise. Je veux remercier ici MM. les Drs Marcel Labbé, Castaigne, Sébileau, Doléris et Funck-Brentano, médecins, chirurgien et accoucheur des hôpitaux; MM. Rosenthal, Pater, Dubrisay, chefs de clinique, maîtres bienveillants qui ont guidé mes premiers pas dans l'art d'examiner les malades.

A M. le Dr Castaigne, qui a bien voulu se distraire de ses occupations pour venir me soigner à l'occasion d'une attaque d'appendicite;

A M. le Dr Ricard, chirurgien de l'Hôpital Saint-Antoine, dans le service de qui j'ai accompli mon stage chirurgical, et qui a prodigué son temps et son talent chirurgical pour guérir ma mère chérie par une brillante opération ;

A M. le Dr Gernez, ex-prosecteur à la Faculté, qui m'a toujours porté un intérêt amical depuis l'époque où il m'enseigna l'anatomie dans les pavillons de dissection, et de qui je tiens les matériaux et les idées directrices de cette thèse ;

A M. le Dr Rodier, stomatologiste de l'Hôpital Lariboisière, dans le service de qui j'ai puisé les premiers éléments de la spécialité ;

A M. le Dr Cruet, directeur de l'École de Stomatologie, qui se dépensa si généreusement pour ses élèves ;

A M. le Professeur Reclus qui a bien voulu accepter la présidence de cette thèse :

Je tiens à présenter mes plus sincères et profonds remerciements.

ETUDE EXPÉRIMENTALE
SUR LE
MÉCANISME DES FRACTURES
DU
MAXILLAIRE INFÉRIEUR

CHAPITRE PREMIER

Si on considère les divers articles parus dans les traités de chirurgie sur les Fractures du Maxillaire inférieur, on remarque que le mécanisme qui les produit n'a pas été étudié d'une façon complète par les auteurs ; cependant dans le *Traité de Stomatologie* de Gaillard et Nogué (article de Dieulafé et Herpin) on trouve quelques vues intéressantes à ce sujet. Citons ces passages :

« L'architecture de l'os maxillaire inférieur étudiée sur des radiographies montre qu'il existe dans cet os des zones de résistance : bord inférieur de la branche horizontale dans toute sa partie moyenne, éminence mentonnière, bords postérieur et antérieur de la branche montante. Les zones où le tissu est le moins compact sont situées : sur la ligne médiane, entre les saillies mentonnières, entre la saillie mentonnière et le trou mentonnier, au niveau de l'angle du maxillaire, à la base de l'apophyse coronoïde.

« Les fractures, surtout les fractures directes qui intéressent la région lésée, peuvent se produire en n'importe quel point de l'os ; mais il existe des zones de prédilection qui correspondent assez bien aux zones de faible résistance. »

a) *Fractures apophysaires.* — Le condyle peut se fracturer au niveau de son col et l'apophyse coronoïde au niveau de sa base. Ces fractures, peu fréquentes, coïncident le plus souvent avec les fractures du corps de l'os.

De grandes violences sont nécessaires pour les produire ; la plupart du temps elles sont la cause indirecte et résultent de la chute d'un lieu élevé : le choc porte sur le menton et se transmet à tout le maxillaire, qui se brise en un ou plusieurs de ses points faibles : fracture des deux condyles (Bérard), fractures des parties latérales du corps de l'os et du col du condyle gauche (Fountain), fracture double du corps du maxillaire et du col d'un ou deux condyles (Heath), fractures multiples avec fracture du condyle gauche (Heath). Dans un cas, le fragment condylien avait été enfoncé dans le conduit externe (Heath).

b) *Fractures de la branche montante.* — La branche montante est peu exposée aux fractures à cause de l'épaisseur des parties molles qui la recouvrent et en raison du voisinage de zones amincies qui cèdent plus facilement sous l'influence des traumatismes. Aussi, dans les cas observés, s'agit-il de fractures directes.

Les fractures symphysiennes sont de cause directe dans les cas de choc portant sur le menton ; le plus souvent elles sont produites par une compression latérale qui diminue le rayon de courbure de l'os maxillaire et relevant ainsi d'un mécanisme de cause indirecte...

Le siège habituel de la fracture latérale unique est la région du trou mentonnier ; elle passe au voisinage de la canine, « ce lieu étant probablement déterminé par la plus grande profondeur de l'alvéole de cet organe, qui affaiblit l'os à ce niveau » (Heath). On observe les deux mécanismes par cause directe et indirecte ; c'est le plus souvent un traumatisme tendant à fermer l'arc maxillaire qui le brise en un de ses points faibles.

. . . .

On a signalé l'existence d'une luxation en même temps que celle d'une fracture, luxation unilatérale (Robert) ou bilatérale (Delamotte).

Dans Heath (*Maladies des mâchoires*), on trouve les indications suivantes :

D'abord une observation personnelle de Heath : il s'agit d'un malade tombé d'un grenier à fourrages : il était ivre ; il tomba sur le menton ainsi qu'en témoigna une plaie de cette région. Il y eut une fracture du col du condyle avec pénétration du fragment inférieur dans le conduit auditif externe, et, de plus, fracture de la base du coroné.

Puis, d'autres observations ont trait à des chutes d'un lieu élevé avec fracture du maxillaire : ici on ne sait évidemment pas au juste où la force vulnérante a trouvé son point d'application sur le maxillaire mais il est permis de penser que c'est sur le menton, car c'est le point le plus saillant et celui qui s'offre naturellement au trauma.

Ainsi au Musée de King's College on trouve un exemple de fracture double du corps et de fracture des cols des deux condyles. Le sujet s'était précipité de 12 mètres de hauteur.

A celui d'University College, une fracture de la symphyse et des deux condyles, brisés obliquement.

De même une fracture oblique entre les dents incisives gauches : l'apophyse coronoïde droite est détachée par un trait oblique en bas de l'échancrure sigmoïde et les cols des deux condyles sont fracturés obliquement.

Dans Renaud (thèse de Paris, 1878), j'ai relevé le cas d'un épileptique tombé face contre terre, conditions qui, on va le voir, se rapprochent des expériences que j'ai faites. Il se produisit une fracture au niveau d'une incisive latérale et une fracture de la paroi antérieure du conduit auditif. Le malade garda après consolidation de sa fracture une ankylose assez prononcée de l'articulation temporo-maxillaire. Le malade n'écartait plus les dents que de 1 centimètre.

Un second sujet eut, par un coup de pied de cheval une fracture « entre la dernière molaire et le coroné ».

Un troisième, du fait d'une chute sur la figure se brisa un condyle.

Ces observations sont intéressantes en ce qu'elles apportent au moins un renseignement précis au sujet de la force vulnérante, à savoir qu'elle a été appliquée sur la région mentonnière : les fractures observées ont été différentes selon l'intensité, la direction de la force, la texture du maxillaire, etc., etc., conditions que nous avons cherché à préciser par nos expériences.

Nous n'avons relaté plus haut que les observations de fractures par coups sur le menton, car pour les écrasements divers portant sur les parties latérales de la face, les coups de feu et les violences quelles qu'elles soient, les mécanismes sont des plus divers et non comparables, et, en somme, en pratique, ce sont surtout les traumatismes mentonniers qui sont les plus intéressants par les multiples occasions qui les font se produire : un épileptique tombant face contre terre, le coup de poing du pugiliste, la chute d'un lieu élevé, la projection en avant contre un obstacle dans les accidents d'automobiles, les coups de pied de cheval à la figure, relativement très fréquents, voilà quelques circonstances où on observera de telles lésions...

Dans nos expériences, nous avons tenu compte de plusieurs facteurs dont les auteurs n'ont pas fait mention dans leurs observations ou leurs articles. D'abord la direction du coup : chez une première série de sujets, si nous nous représentons celui-ci debout, le coup a été à peu près horizontal, ayant tendance à faire reculer la mâchoire ; dans une deuxième sa direction s'est rapprochée de la verticale, tendant à produire l'occlusion forcée de la bouche.

Voici comment nous avons procédé :

Le sujet, couché sur le dos sur la table d'amphithéâtre a été frappé avec un billot de bois de 2 kilogrammes environ. Les coups ont été portés très vigoureusement, et à peu près avec la même intensité chez tous les sujets.

Selon que le sujet avait la tête pendante en arrière, hors de la table, ou bien que la tête reposait sur le marbre en position normale, l'opérateur frappant toujours de haut en bas, le trauma avait tendance, dans le premier cas d'occlure exagérément la bouche, dans le deuxième de faire reculer la mâchoire.

Il était permis de penser que le siège des fractures produites varierait selon l'état anatomique (forme, texture) de l'os maxillaire et surtout de ses annexes, les dents, en particulier l'état de l'articulé des dents devait dans un certain nombre de cas localiser les fractures et leur donner une forme spéciale.

CHAPITRE II

Observations

Nous allons maintenant relater les observations que nous avons prises après dissection de la région maxillaire et examen complet des pièces.

Nous relaterons d'abord les observations où la tête était en position normale sur la table ; ensuite viendront celles où la tête était renversée en arrière.

A. — *TÊTE EN POSITION NORMALE.*

Observation 1

Sujet de 65 ans. Édenté. Le coup, appliqué bien exactement sur la pointe du menton, donne une fracture de la symphyse à fragment intermédiaire taillé aux dépens de la table externe.

Rien aux articulations temporo-maxillaires, ni aux conduits auditifs. Remarqué l'angle de 125° environ que fait la branche montante avec la branche horizontale du maxillaire.

Observation 2

Homme de 65 ans. Tète légèrement en extension.

Dents restantes :

Maxillaire supérieur.

1re grosse molaire supérieure droite.

Maxillaire inférieur.

A droite : Canine, 1re prémolaire.

A gauche : 2e incisive, canine, 1re prémolaire, 1re grosse molaire.

On constate :

A gauche : Une déchirure de la capsule articulaire en arrière du ligament latéral externe, à travers laquelle on aperçoit le condyle dépourvu de sa tête.

2° Une fracture oblique au niveau de l'angle de la mâchoire. L'artère dentaire inférieure est rompue ; le nerf intact.

A droite : 1° La 1re grosse molaire supérieure, déchaussée et branlante a été expulsée de son alvéole et est retrouvée dans la bouche.

2° A l'articulation, lésions de même nature qu'à gauche : déchirure postérieure de la capsule avec émergence de deux petits fragments détachés du condyle.

Les deux articulations ménisco-craniennes sont saines, à l'inverse des ménisco-condyliennes.

Remarqué l'angle du maxillaire qui est à peine de 90°.

Observation 3

Sujet de 70 ans.

Dents restantes :

Maxillaire supérieur.

A droite : Incisive centrale, incisive latérale, 2e prémolaire.

A gauche : Incisive latérale.

Maxillaire inférieur.

A gauche : 1re et 2e prémolaires.

Rien à droite.

Une fracture légèrement oblique est située à 1 centimètre à droite de la symphyse.

Les deux condyles sont en partie fracturés, leur partie interne est détachée une sur fracture oblique de haut en bas et de dehors en dedans.

Les conduits sont sains ; les articulations ménisco-craniennes de même.

Observation 4

L'état du maxillaire et des dents n'a pas été noté, la pièce ayant été perdue, nous avons les indications suivantes :

1° Fracture alvéolaire supérieure au niveau des incisives, réduites à des chicots.

2° Fracture du maxillaire inférieur près de la symphyse, à gauche, entre l'incisive latérale et la canine, et ne passant pas par l'alvéole de la canine.

Des deux côtés, arrachement en biais de la partie interne des condyles, avec déchirure du frein ménisco-maxillaire postérieur et externe.

Observation 5

Dents restantes :

Maxillaire supérieur.

A gauche : Incisive centrale, canine, racine de 1re prémolaire, 1re, 2e et 3e grosses molaires.

A droite : Canine, 1re, 2e et 3e grosses molaires.

Maxillaire inférieur.

A gauche : Incisives, canine, prémolaires, et 3e grosse molaire.

A droite : Incisives, canine, prémolaires, 2e et 3e molaires.

On note que le maxillaire présente une perte de substance au niveau de la région alvéolaire de la dent de 6 ans manquante : cette perte de substance de 2 centimètres de longueur est cupuliforme et l'espace qui sépare la 2e prémolaire et la 2e molaire, quoique ces dents se soient inclinées l'une vers l'autre est encore plus considérable que normalement.

Il semble que cette lésion ait été produite par un odontome ou un kyste.

On a constaté :

1° Une fracture verticale entre l'incisive latérale et la canine.

2° Une fracture oblique séparant la portion interne des deux condyles.

Observation 6

Dents manquantes :

Maxillaire supérieur.

A gauche : Canine, 3e grosse molaire.

A droite : Canine, 2e et 3e grosses molaires.

Maxillaire inférieur.

A gauche : 1re et 3e grosses molaires.

A droite : 3e grosse molaire.

On a frappé 3 coups, et constaté :

1° Une fracture entre les deux incisives centrales inférieures.

2° Une fracture du condyle droit.

Les articulations temporo-maxillaires étaient intactes.

Observation 7

Femme de 60 ans.

Dents manquantes :

Maxillaire supérieur.

A gauche : 2e et 3e grosses molaires.

A droite : 1re prémolaire, 2e et 3e grosses molaires.

Maxillaire inférieur.

A gauche : 2e prémolaire, 1re, 2e 3e grosses molaires.

A droite : 1re, 2e, 3e grosses molaires.

1° Les condyles et les articulations sont intacts.

2° Fracture complexe près de la symphyse.

On y trouve :

Un fragment comprenant le bord alvéolaire supportant les 2 incisives droites, les 2 incisives, la canine et la 1re prémolaire gauche.

Un deuxième fragment taillé en biseau et formé en grande partie de la table externe. Sa portion alvéolaire porte les dents de droite jusqu'à la deuxième prémolaire.

Le trait de fracture principal passe à droite, entre l'incisive latérale et la canine. Il est légèrement oblique aux dépens de la table externe du fragment gauche.

Observation 8

Femme de 35 ans environ.

Dents manquantes :

Maxillaire supérieur.

A gauche : Incisive centrale, 2e prémolaire, 1re grosse molaire.

A droite : Incisive centrale, les 2 prémolaires, 1re grosse molaire.

Maxillaire inférieur.

A gauche : Les 3 grosses molaires.

A droite : La 1re et la 3e grosses molaires, il en reste les racines.

On constate une fracture dont le plan de section principal est oblique de haut en bas et, de dedans en dehors s'étend depuis les racines de la 1re grosse molaire inférieure droite jusqu'à l'incisive latérale droite.

Le trait de fracture passe entre cette incisive latérale et la canine. De ce trait en part un autre, remontant légèrement pour atteindre, au niveau de la 2e prémolaire gauche, le bord alvéolaire.

Ce fragment porte les incisives droites, les incisives gauche, la canine et les prémolaires gauches.

Un autre fragment analogue, situé à droite du trait principal, supporte la canine et les prémolaires droites.

Les condyles et les articulations sont intacts.

Observation 9

Femme de 65 ans environ.

Dents restantes :

En haut.

Il ne reste que des chicots dans la région antérieure.

En bas.

Les incisives et la canine droites, les incisives, la canine, et la 1re prémolaire gauches persistent.

On constate :

1° Une fracture de la symphyse entre les deux incisives gauches, compliquée d'un autre fragment alvéolaire supportant toutes les dents restantes du bas.

2° Une fracture des deux cols des condyles avec ouverture de l'articulation.

Observation 10

Dents manquantes :

En haut.

A gauche : La canine (racine), la 2e grosse molaire.

A droite : Les incisives, la canine (racines), la 1re et la 3e grosses molaires.

En bas.

A gauche : Les prémolaires (racines), la dent de sagesse.

A droite : La dent de sagesse.

On constate :

1° Une fracture oblique à gauche, séparant la racine de la 2e prémolaire de la 1re grosse molaire ; le plan de fracture passe par l'alvéole de la grosse molaire, et le trou mentonnier y est également situé.

2° Des fractures basses des deux cols des condyles. Les articulations sont intactes.

Observation 11

Homme de 65 ans.

Dents restantes :

En haut.

Quelques chicots en avant, la 1re et la 2e molaires gauches.

En bas.

A gauche : L'incisive latérale, la canine, la 1re prémolaire, la 2e molaire.

A droite : La 2e prémolaire, la 1re molaire.

On constate après le trauma :

1° Une fracture passant par le trou mentonnier gauche.

2° Des fractures des deux condyles.

Observation 12

Homme de 55 ans environ.

Dents restantes :

La 2e prémolaire supérieure droite et quelques chicots en haut.

En bas.

A gauche : Les dents incisives.

A droite : Les incisives, la canine, la 1re prémolaire.

On trouve :

1° Une fracture oblique à droite atteignant en avant le niveau de la 1re prémolaire, compliquée d'une fracture du rebord alvéolaire portant les dents antérieures du bas.

2° Une fracture à plusieurs fragments des deux condyles.

Observation 13

Édenté de 70 ans.

1° On constate une fracture verticale de la symphyse, fracture « en rave ».

2° Une fracture de la partie interne du condyle gauche.

3° Une fracture verticale de la branche montante droite partant du milieu de l'échancrure sigmoïde et rejoignant le sommet de l'angle mandibulaire. On constate que le diploé est, sur cette pièce, au niveau de la branche montante, raréfié d'une façon extraordinaire. Ses trabécules, ainsi d'ailleurs que les tables externes et internes de l'os sont presque papyracées.

Au niveau de la symphyse et du reste du maxillaire, la raréfaction osseuse est beaucoup moindre, et un essai de résistance en mettant la pièce dans un étau et en frappant dessus au maillet montre que celle-ci est encore considérable en ces points.

Observation 14

Sujet de 60 ans.

Dents restantes : Les canines au maxillaire supérieur ; elles ont été luxées par le choc.

On trouve :

1° Une fracture oblique à gauche, passant par le trou mentonnier. En ce point, la hauteur du maxillaire n'est que de 2 cm. 1/2.

2° Une fracture des deux cols des condyles.

Celle de droite est complexe : la tête articulaire est réduite en bouillie, l'articulation est ouverte, et on constate une ligne de fracture des racines transverses et longitudinales du zygoma au niveau du point où elles vont se joindre pour former cette apophyse. La paroi antérieure du conduit auditif est également fêlée sur une longueur de 1 centimètre.

3° A gauche existe la même fracture des 2 racines du zygoma, fracture linéaire, sans déplacement et intra-articulaire. Ici la tête n'est pas en bouillie comme de l'autre côté ; la fracture est unique et nette.

Il n'y a pas de fracture du conduit de ce côté.

Observation 15

Homme de 40 ans.

Dents manquantes :

En haut.

A droite : Les incisives (racines), la 2e prémolaire.

A gauche : Les incisives (racines), la 1re grosse molaire.

En bas.

A droite : La 2e prémolaire.

On trouve :

1° Une fracture médiane, verticale, de la symphyse. A ce niveau la hauteur de la mandibulaire est sur cette pièce très grande ; l'os est très épais également.

2° Une fracture des deux condyles : la partie interne de la tête est restée en rapport avec l'apophyse transverse du zygoma, tandis que le col a été reporté en arrière et s'est calé dans le fond de la cavité cotyloïde. L'articulation est ouverte.

B. — *TÊTE MISE EN EXTENSION FORCÉE.*

Observation 16

Sujet de 60 ans.

Les dents restantes sont :

Maxillaire supérieur.

A gauche : L'incisive latérale, la canine, la 3e grosse molaire, quelques chicots.

A droite : 1re et 2e prémolaires, dent de sagesse.

Maxillaire inférieur.

A gauche : Canine, 2 prémolaires, 3e grosse molaire.

A droite : Canine très longue, 3e grosse molaire.

On constate :

1° Une fracture passant par l'alvéole de la 3e grosse molaire inférieure gauche.

2° Une fracture passant par l'alvéole de la 3e grosse molaire droite.

3° Une fracture près de la symphyse, à gauche.

On a constaté également une fracture du bord alvéolaire du maxillaire supérieur au niveau de la 1re prémolaire droite.

Il n'y a pas de fracture du condyle.

Observation 17

Homme de 37 ans, ayant du prognatisme inférieur.

Dents manquantes :

En haut.

1re grosse molaire à gauche, 2e prémolaire à droite.

En bas.

2e grosse molaire gauche.

Le sujet avait des rapports un peu spéciaux de ses diverses dents, créés surtout par son prognatisme.

Les incisives et les canines droites inférieures sont franchement en dehors des dents correspondantes du haut.

A gauche, les incisives inférieures sont de même en dehors des supérieures, mais la canine est située en dedans de la supérieure.

On remarquera que de ce côté, la bouche étant fermée, il y a un véritable engrènement des dents au niveau de la région canine.

On a constaté :

1° Une fracture entre la canine et la 1re prémolaire gauche. Le condyle, l'articulation temporo-maxillaire de ce côté sont intacts.

2° A droite, un décollement périostique et un éclatement de la capsule derrière le ligament latéral externe.

Observation 18

Sujet de 70 ans.

Dents restantes :

Maxillaire supérieur.

A droite : Les 2 incisives, 2e prémolaire, 1re grosse molaire, 3e grosse molaire.

A gauche : Les 2 incisives, 2e prémolaire, 3e grosse molaire.

Maxillaire inférieur.

Les 2 canines et 2 chicots.

On constate :

1° Une déchirure postéro-externe de la capsule articulaire droite, avec fracture de la partie interne du condyle.

2° Une fracture à droite à 3 fragments allant depuis l'angle de la mâchoire jusqu'à la canine. Le fragment intermédiaire est externe : l'un des plans de cassure comprend, à partir de l'angle, tout le trajet du canal dentaire inférieur.

3° Une déchirure capsulaire gauche, avec fracture du condyle à sa base, avec un trait oblique de haut en bas et de dehors en dedans.

Remarqué la forme en V du maxillaire inférieur.

Observation 19

Sujet de 68 ans.

Dents restantes :

Maxillaire supérieur.

A droite : Les 2 incisives, 3e grosse molaire.

A gauche : Incisive centrale, canine, 1re prémolaire, racine de l'incisive latérale.

Maxillaire inférieur.

A droite : Incisives, canine, 1re prémolaire, 2e et 3e molaires.

A gauche : Incisives, canine, 2e grosse molaire.

L'articulé des dents se fait bout à bout.

Il est à remarquer ici que la branche montante est formée d'un tissu spongieux à mailles lâches et de deux tables minces de tissu compact. Au niveau de la symphyse l'os est faible également : il ne contient que très peu de tissu compact.

Les lésions sont :

1° Une fracture médiane, entre les incisives centrales inférieures.

2° A droite, une fracture de la base du col du condyle : l'articulation est ouverte en arrière.

3° A gauche, une fracture esquilleuse de la partie supérieure de la branche montante. Le condyle est détaché au niveau de son col.

L'articulation gauche n'est pas ouverte.

Observation 20

Sujet de 66 ans.

Articulé normal avec abrasion marquée.

On a constaté après le choc un recul de 1 centimètre du maxillaire inférieur, mesuré par la distance entre les incisives supérieures et inférieures.

On a constaté :

1° A droite, une fracture oblique selon la diagonale de l'angle de la mâchoire et passant par l'alvéole de la 3e grosse molaire inférieure : celle-ci a été énucléée totalement.

Le fragment inférieur a été porté en arrière et en dedans, le supérieur, saillant a traversé la peau.

Le condyle et l'articulation sont indemnes de ce côté.

2° A gauche :

La 3ᵉ grosse molaire est fracturée au collet, horizontalement, et il existe comme à droite une fracture de l'angle de la mâchoire.

Le col du condyle gauche est fracturé, et le conduit auditif externe est déchiré verticalement dans sa portion cartilagineuse.

Observation 21

Homme de 45 ans.

Abrasion énorme des dents inférieures et antérieures usées obliquement aux dépens de leur face vestibulaire et des incisives et canines supérieures usées de même sur la face linguale.

Dents manquantes :

Maxillaire supérieur.

La 2ᵉ grosse molaire droite.

Maxillaire inférieur.

2ᵉ prémolaire et 2ᵉ grosse molaire gauche.

On constate :

1° Que la partie antérieure du massif incisif supérieur a été écrasée par le choc transmis par la mâchoire inférieure, depuis l'incisive centrale droite jusqu'à la 1ʳᵉ prémolaire gauche.

2° Une fracture très oblique de haut en bas, d'arrière

en avant, et de dedans en dehors de la branche horizontale, à gauche, au niveau des prémolaires et de la canine.

Le trait de fracture commence en haut au niveau de la 2e prémolaire : il passe à 1 centimètre du trou mentonnier, et traverse l'alvéole de la 1re prémolaire, puis il aboutit en bas juste au milieu de la symphyse.

3o Une fracture du col du condyle droit.

4o Une fracture de la partie interne du condyle gauche.

Observation 22

Sujet de 60 ans.

Articulation normale, abrasion.

Dents manquantes :

En haut.

A droite : Incisive latérale, les 2 prémolaires.

A gauche : Incisive centrale, 1re prémolaire, 3e grosse molaire.

En bas.

La 2e grosse molaire droite.

On constate :

1o Que les cuspides externes des grosses molaires supérieures gauches sont fracturés.

2o Au maxillaire inférieur :

A droite, une fracture à 5 fragments, le trait principal est vertical et situé entre la 2e prémolaire et la dent de 6 ans. Un autre trait de fracture, très oblique, détache jusqu'à la symphyse un fragment intermédiaire, taillé dans la table externe et qui comprend le trou-mentonnier.

3° Une fracture des deux cols des condyles.

Observation 23

Dents manquantes :

En haut.

A droite : Incisive latérale, 1re prémolaire, 1re molaire, 3e molaire (racine).

A gauche : Incisive latérale, canine, 1re et 2e prémolaires, 2e grosse molaire (racine).

En bas.

A droite : 2e prémolaire, 1re grosse molaire.

A gauche : 1re et 2e grosses molaires (racines).

On a constaté :

1° Une fracture très oblique entre la canine inférieure gauche et la 1re prémolaire. Cette fracture comprend 2 fragments supplémentaires formés par la table externe le long des alvéoles des prémolaires et de la 1re grosse molaire gauche.

2° Une fracture des deux cols des condyles.

Observation 24

L'occlusion se fait presque bout à bout, et les dents sont usées à peu près horizontalement.

Dents manquantes :

En haut.

A droite : L'incisive latérale (racine), la 2e prémolaire.

A gauche : La 1re et la 3e grosses molaires.

Il y a un diastème entre les incisives centrales.

En bas.

Il manque la 1re prémolaire (racine), la 2e prémolaire (racine) et la 3e grosse molaire (racine) gauches.

La mâchoire inférieure est très fortement constituée. La fracture est complexe : il y a quatre fragments intermédiaires. La région fracturée commence immédiatement en avant de la dent de sagesse droite jusqu'à la canine.

Cette fracture est oblique : elle a détaché le long du bord inférieur du maxillaire 3 petits fragments. Le 4e, plus important, est constitué par la région alvéolaire qui porte la racine de la 2e prémolaire et les 2 premières grosses molaires. La fracture comprend le trajet du nerf dentaire inférieur dans sa moitié postérieure, mais aucun trait de fracture ne passe par le trou mentonnier.

De plus, les deux condyles sont fracturés à leur partie interne.

Observation 25

Dents restantes :

En haut.

A droite : Incisive centrale, les prémolaires, 3e grosse molaire.

A gauche : Incisive latérale, canine, 1re prémolaire et quelques racines.

En bas :

A droite et à gauche : Les dents antérieures, jusqu'à la 1re prémolaire comprise, plus la 2e grosse molaire gauche.

On a trouvé :

1° A droite et à gauche, fracture des cols des condyles.

2° Une fracture très oblique de haut en bas et d'arrière en avant partant de la 2e grosse molaire gauche et aboutissant à la canine. Il y a 3 fragments intermédiaires : le canal dentaire inférieur est compris dans la région fracturée.

CHAPITRE III

Cherchons maintenant à déterminer pour chaque cas particulier, les conditions qui ont imprimé aux fractures leur caractère spécial.

A propos de l'observation n° 1, il est remarquable que la pièce est de dimensions très restreintes.

La hauteur en est minime, car nous avons affaire à un édenté, mais l'épaisseur et la longueur des branches horizontale et verticales le sont également.

Ainsi la plus grande épaisseur de la branche horizontale est de 13 millimètres, et la plus petite 8 millimètres. Épaisseur de la symphyse 11 millimètres.

La hauteur est 19 millimètres à la symphyse, 14 millimètres dans la région molaire. La texture osseuse était encore satisfaisante malgré les 70 ans du sujet.

On peut expliquer la localisation de la fracture au point frappé (fracture directe) par la faiblesse de la région traumatisée. La cassure, nette, avec un fragment intermédiaire, a permis un grand déplacement des fragments principaux ; aussi le menton s'est-il dérobé ensuite à la violence en se déformant, et le choc ne s'est pas propagé vers les condyles.

Pour la pièce n° 2, il n'en est pas de même : celle-ci est beaucoup plus forte. Ainsi l'épaisseur de la symphyse est de 14 millimètres, sa hauteur 23 millimètres, l'épaisseur de la région des molaires est 11 millimètres. Ayant brisé ultérieurement la symphyse nous y avons constaté une épaisseur considérable des deux tables avec un diploé non raréfié.

La symphyse a pu résister, un mouvement de translation a pu se produire, qui, dans un premier temps a

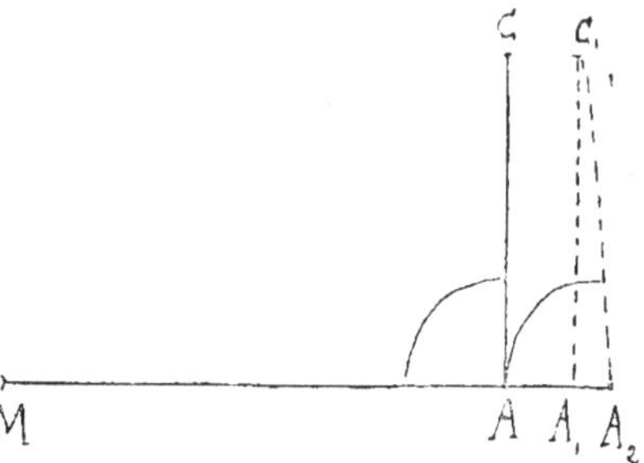

calé le condyle C contre la paroi postérieure de la cavité glénoïde ; dans un deuxième temps, le condyle C_1 étant devenu fixe, et le sommet A_1 de l'angle de la mâchoire ayant tendance à reculer en A_2, on peut voir sur le schéma que l'angle mandibulaire tend à se fermer.

D'après ce raisonnement la fracture pourra se produire depuis le condyle jusqu'au menton, cependant la branche horizontale est toujours beaucoup plus résistante que la branche montante, ainsi dans cette observation nous voyons que ce sont les condyles, points rendus faibles par leur forme et leur structure, ainsi que l'angle gauche qui sont brisés.

D'ailleurs sur cette pièce on constate : 1° que le tissu spongieux des condyles est raréfié ; 2° que la formation osseuse qui entoure le nerf dentaire inférieur à partir de l'épine de Spyx, et qui forme, en dedans de l'angle, une poutre de renforcement à ses travées spongieuses très espacées, avec une lame externe compacte très mince. Cela explique cette localisation à l'angle qui est assez rare.

Chez le n° 3 les cols des condyles et l'angle sont relativement larges et épais, beaucoup plus solides que chez le sujet précédent, et ont résisté. C'est la partie interne des condyles, qui est en rapport plus direct avec le crâne, qui a été détachée du reste par son choc contre la cavité glénoïde, par le même mécanisme du recul de la mâchoire. De plus, nous constatons une fracture directe de la symphyse, due comme toujours à l'inertie de cette partie devant la force vulnérante. Il en est de même chez le n° 6.

Chez les sujets n°s 4 et 5, nous constatons des fractures de la branche horizontale, exactement au même endroit, le long de la canine. Divers auteurs ont déjà insisté sur la fréquence des fractures en cet endroit : il semble que le tissu spongieux pénètre un peu plus qu'ailleurs vers le centre du maxillaire, le long de la grande racine de la canine, aux dépens du tissu compact et de la résistance de l'os.

La fracture complexe du n° 7 est directe, avec déplacement notable. Le maxillaire, de dimensions moyennes, avait un tissu un peu raréfié. Ici encore le défaut d'engrènement, le déplacement des fragments a empêché au choc de continuer son action vers les articulations temporo-maxillaires.

Chez le n° 8 nous trouvons aussi une fracture complexe dans un os peu compact, avec déformation accentuée, et rien aux articulations.

Pour le n° 9, rien de particulier.

Chez le n° 10, on peut constater que la fracture ne s'est pas produite au point frappé, mais à une distance éloignée ; l'émergence du nerf dentaire inférieur semble être pour quelque chose dans la localisation de cette fracture, mais c'est surtout l'absence des deux prémolaires qui à notre avis doit être incriminée.

Le n° 11 présente également, en même temps qu'une fracture des condyles, une fracture passant par le trou mentonnier. Le n° 12 en présente une passant à peu de distance.

L'observation n° 13 ressemble aux observations 2, 3, 4, il y a de même une fracture symphysaire directe, et d'autre, des branches montantes, suivant le même mécanisme.

Le n° 14 nous fournit un exemple remarquable de lésion de la cavité cotyloïde et du conduit auditif : la lésion de la branche horizontale est bien expliquée par le point de moindre résistance qui s'y trouvait.

Enfin le n° 15 nous montre une fracture de la symphyse médiane, dans un os très épais, très robuste dans toutes ses parties. Il semble bien, conformément à la remarque des classiques, que la fonction symphysaire proprement dite soit un des points faibles du système.

D'une façon générale on peut dire que pour ces quinze

observations qui se rapportent à des coups portés d'avant en arrière, le mécanisme du recul est prépondérant pour donner les fractures indirectes du condyle, de l'angle et de la branche montante : on doit convoquer en général surtout la présence de lieux de moindre résistance pour les fractures de la branche horizontale, comme le trou mentonnier, l'alvéole si profond de la canine, et les endroits où le maxillaire s'est résorbé plus qu'ailleurs après des extractions. Les dents ne jouent en général aucun rôle, et en effet les forces ne les empruntent pas pour se transmettre : nous verrons qu'au contraire, dans les faits suivants, elles auront un rôle prépondérant.

Examinons d'abord l'observation n° 16.

La fracture de la symphyse est directe. Quoique ce point soit le plus solide de la mâchoire, ses dimensions sont faibles : 19 millimètres de hauteur et 14 millimètres d'épaisseur maxima. Le choc a fait fermer la bouche exagérément : la rencontre des canines du bas avec leurs voisines du haut ne s'est faite qu'à gauche ; à droite c'est le palais et le chicot de la première prémolaire que la canine a frappés, ce qui a brisé cette portion du rebord alvéolaire : il s'agit en bas de canines déchaussées, déviées, mais encore très solides. Il est probable que le porte à faux de la région mentonnière dépourvue de dents entre les deux points canins soutenus a ajouté son effet pour déterminer la fracture de la symphyse.

Quant aux fractures postérieures, ce sont les troisièmes molaires inférieures qui les ont déterminées, en s'enfonçant comme des coins dans une région bien disposée à se briser de par ses dimensions et sa texture. Les troisièmes molaires du haut en se rencontrant avec celles du bas, leur ont communiqué la force suffisante pour briser cette région, la plus faible d'ailleurs de ce maxillaire. La hauteur est ici de 13 millimètres et son épaisseur de 10 millimètres.

Chez le prognathe n° 17, on doit penser que c'est la canine qui, s'étant coincée entre les deux du haut, incisive latérale et canine, a subi la presque totalité du traumatisme ; à droite au contraire, toutes les dents l'ont supporté également et à défaut d'une fracture de la branche horizontale, il s'est produit une lésion de l'articulation temporo-maxillaire.

Pour le n° 18, et quant à la fracture de la branche horizontale, il y a lieu d'incriminer en premier lieu l'état de l'os en cet endroit ; d'abord cette région est la moins haute de la branche horizontale ; et quoique son épaisseur soit grande le diploé a des travées très lâches, le canal dentaire qui le traverse a près de 3 millimètres de diamètre, et les tables osseuses n'ont que 2 millimètres d'épaisseur (le sujet a d'ailleurs 76 ans). On remarquera que la région fracturée est celle que traverse le nerf dentaire inférieur. En second lieu il existe vis-à-vis de cette région, au maxillaire supérieur, une troisième grosse molaire qui est très déchaussée (les racines sont dénudées sur l'os sec de 7 millimètres de hauteur) et qui, par conséquent, devait être à l'état normal, très proche de la gencive inférieure. Le choc l'a fait frapper en cet endroit ; la dent a résisté et c'est cette région faible du maxillaire inférieur qui s'est brisée. Quant aux condyles, comme d'une façon générale, il n'y a pas ici d'antagonisme dentaire, il est probable que c'est la fermeture exagérée de la bouche, peut-être alliée à un certain recul de la mâchoire qui les a fait s'écraser dans la cavité glénoïde.

La pièce n° 20 montre la même faiblesse aux angles de la mâchoire que chez le n° 16 : même minceur des tables compactes et même raréfaction à ce niveau, et la cause déterminante de la fracture en ces points est encore la rencontre des troisièmes molaires. On a constaté un recul après le coup et il doit avoir une part dans la fracture du condyle gauche. Ici il faut remarquer la lésion très rare du conduit cartilagineux.

Le n° 19 nous montre le premier exemple de fractures de la symphyse et de la partie supérieure des branches montantes par un coup porté sous la mâchoire. Les régions fracturées étaient d'ailleurs bien disposées à l'être de préférence aux autres, de par leur structure.

Chez le n° 21, on voit que la fracture s'est établie entre la symphyse, point d'application de la force et l'espace où fait défaut la deuxième prémolaire.

De même, l'articulé a joué un rôle manifeste chez le 22. Le foyer de fracture est situé ici dans la région des prémolaires droites : or deux dents n'ont pas d'antagonistes au maxillaire supérieur, tandis que les canines et les dents de six ans se rencontrent. Le trou mentonnier est compris dans la région fracturée et il doit avoir joué un rôle important car, à la symphyse il n'y a pas de fracture quoique au maxillaire supérieur il manque l'incision latérale droite et la centrale gauche. Sur cette pièce, qui est très forte, la symphyse a d'ailleurs des dimensions considérables.

Il a fallu un choc particulièrement violent pour briser cette pièce : aussi plusieurs tubercules de molaires se sont-ils brisés dans leur rencontre.

Quant aux nos 23, 24, 25, ces observations ne nous amènent à aucune déduction : dans la première la fracture s'est produite le long de l'alvéole si profond de la canine, dans les autres le canal dentaire inférieur et le trou mentonnier seuls semblent avoir joué une action. Enfin dans ces 6 dernières observations on trouve encore des fractures vers l'articulation : on remarque seulement que c'est surtout le col qui s'est brisé en général.

CHAPITRE IV

Sur ces 25 observations, on trouve :

19 fractures du condyle, dont 11 de la tête et 8 du col, savoir les observations n°s 2, 3, 4, 5, 6, 11, 12, 13, 15, 18, 24 pour la tête, et 9, 10, 14, 19, 20, 21, 22, 23, pour celles du col.

9 fractures de la symphyse, les observations n°s 1' 3, 6, 7, 9, 13, 15, 16, 19.

15 fractures de la branche horizontale, savoir les n°s 4, 5, 6, 8, 10, 11, 12, 14, 17, 18, 21, 22, 24, 25.

2 fractures de la branche montante, observations n°s 13 et 19.

3 fractures de l'angle, 2 du conduit auditif, 1 de la cavité glénoïde et des branches du zygoma.

Une première conclusion s'impose donc : Par un choc violent appliqué sur le menton, on peut observer des fractures de toutes les régions du maxillaire inférieur. Dans nos expériences, nous avons obtenu ces diverses localisations de fracture avec les deux directions imprimées à la violence.

Cependant les fractures de la symphyse ont été plus

fréquemment produites par un coup appliqué d'avant en arrière (7 cas) que sous le menton (2 cas) : il est vraisemblable que c'est le redressement de courbure qui tend à se faire dans le premier cas et aussi l'épaisseur de l'os, moindre dans ce sens, qui en est la cause.

Pour celles des condyles, c'est la tête et spécialement sa partie interne qui a souffert dans les premières observations. Voici comment Baudrimont, dans un mémoire de 1882, sur les fractures du conduit auditif et les luxations en arrière du condyle, expose l'anatomie de la région et la production de ses lésions :

« Le condyle, logé bien en avant de l'oreille, dans sa cavité articulaire, regarde par sa face postérieure la paroi antérieure du conduit auditif, dont il est distant à la partie supérieure, point le plus étroit de l'espace qui les sépare, par un intervalle de 4 millimètres environ. Il existe dans cet espace du tissu cellulaire avec quelques vaisseaux, et dans deux cas nous y avons observé un prolongement de la parotide. Il faut noter aussi que si la face antérieure du condyle est presque plane, la face postérieure présente une convexité très marquée sur laquelle on remarque une crête transversale assez vive. »

Il n'est donc pas exact de dire que la paroi antérieure de l'oreille appartienne à l'articulation temporo-maxillaire.

Cela est si vrai que, à propos du mouvement de recul de la mâchoire inférieure dans les mouvements physiologiques de la mâchoire, Sappey s'exprime ainsi : «... Son étendue est de quelques millimètres seulement. Dans ce mouvement le fibro-cartilage reste immobile, le condyle de la mâchoire inférieure glisse d'avant en arrière sur son bord postérieur. Il se rapproche ainsi de la paroi inférieure du conduit auditif sans cependant l'atteindre. La partie antérieure du ligament latéral externe, qui devient alors plus oblique et qui se tend, ne tarde pas à l'arrêter...

« ... Si après avoir disséqué l'articulation, on enlève la portion cartilagineuse du conduit au ras de la portion osseuse, on voit que le condyle déborde en dehors de cette portion osseuse de 5 millimètres environ, un peu moins que la moitié de sa largeur ; la partie moyenne du condyle correspond à l'union de cette partie osseuse avec la portion membraneuse du conduit auditif externe...

« ... En résumé, la paroi antérieure du conduit auditif osseux n'a que des rapports éloignés avec l'articulation temporo-maxillaire ; la face postérieure du condyle en est séparée par un espace triangulaire d'étendue variable, dont le sommet se trouve au niveau de la paroi supérieure du méat ; la paroi moyenne et interne du condyle correspond seule à la paroi osseuse de l'oreille, qui n'est jamais atteinte dans aucun des mouvements physiologiques du maxillaire.

« ... Pour qu'un choc appliqué sur le menton puisse produire l'accident qui nous intéresse, il devra donc se produire un peu au-dessus du bord inférieur du maxillaire de façon à repousser cet os en arrière. Si la violence est appliquée uniquement de bas en haut, le condyle s'enfonce dans sa cavité articulaire vraie, dont il ne peut sortir, et c'est alors une fracture du maxillaire que l'on observe.

« ... Dans la rétropulsion de la mâchoire, le contact des parties dures s'établit entre le pourtour du méat osseux et un point situé au voisinage du tiers externe avec les deux tiers internes du condyle. La paroi osseuse auriculaire est-elle mince, le condyle l'enfonce sans se briser; est-elle épaisse et solide, c'est le condyle qui cède... »

Baudrimont, dans ses expériences cadavériques consistant en un choc violent sur le menton, a montré que le frottement des molaires paralysait la violence et empêchait ordinairement la fracture, qui se produisait au contraire facilement sur les cadavres édentés ; mais il ne frappait pas le menton dans le plan sagittal comme nous l'avons fait, mais de côté, de gauche à droite ou inversement : s'il frappait à droite, ce n'était en général que le condyle gauche qui était fracturé. D'une façon générale, pour les coups portés d'avant en arrière, nous n'avons pas fait les mêmes remarques : le recul était constant et même on doit penser que chez un édenté, la hauteur du maxillaire étant très réduite, celui-ci ne donne que peu de prise à des traumas de cette direction : pour des coups portés sur la pointe du menton tout au moins la bouche a plutôt tendance à se fermer exagérément et par ce fait à donner d'autres lésions que la fracture condylienne par recul.

Le plus souvent la fracture s'est produite au point où cesse le contact du condyle avec le conduit auditif, c'est-à-dire à peu près à l'union du tiers externe avec les deux tiers internes de la tête condylienne.

Le plan de cette fracture se rapproche de la verticale parallèlement au plan sagittal ; toutefois en général il présente une légère obliquité de haut en bas et de dehors en dedans. La fracture est, bien entendu, intra-articulaire dans ce cas. Dans les autres cas, elle s'est produite au col, plus ou moins haut, intra ou extra-articulaire. Quelquefois elle est complexe : le condyle tout entier est réduit en menus fragments.

Vu l'extrême fréquence des fractures des condyles dans nos observations, plus grande que pour les autres régions du maxillaire, nous devons penser que ces fractures existent très souvent aussi dans les cas ordinaires qui se présentent journellement en clientèle.

En somme, nous concevons, d'après la fragilité particulière des condyles, que dans un grand nombre de nos cas on doit considérer que la fracture condylienne est primitive, les autres lésions trouvées sur une même mâchoire étant dues à un excès de violence du traumatisme ; en d'autres termes, si sur une telle mâchoire il n'y avait qu'une fracture ce serait celle du ou des condyles : c'est vraisemblablement ce qui se serait produit très souvent si, dans nos expériences, nous avions frappé un peu moins fort.

Or, dans les observations de fractures, il n'est qu'assez rarement question des condyles, cela tient certainement aux considérations suivantes :

D'abord les lésions du condyle passent inaperçues parce que celles du corps attirent de suite toute l'attention du chirurgien ; on met sur le compte de celle-ci la difficulté qu'éprouve le malade d'ouvrir la bouche, et puis nul symptôme frappant n'attire l'attention vers les articulations : on ne rencontre seulement qu'une douleur localisée devant l'oreille, car la lésion est profonde. Et cependant, ces fractures sont importantes à reconnaître, car elles peuvent être suivies d'ankyloses, étant intra-articulaires.

Voici ce que disait en 1910, à la Société de Chirurgie, M. Demoulin, rapporteur, au sujet d'une observation d'ankylose de la mâchoire observée et opérée par MM. Gernez et Douay :

« .... L'ankylose d'origine traumatique est très fréquente. Orlow l'a observée 28 fois sur 104 cas, et Kirsten 7 fois sur 14 cas. Rarement il s'agit de lésions directes de la région temporo-maxillaire ou ordinairement c'est un choc violent sur le menton qui a laissé, après lui une cicatrice apparente. Il se produirait, dans la suite, une arthrite ankylosante à évolution lente et progressive, aboutissant à une constriction de plus en plus serrée des mâchoires, dont le dernier terme est l'ankylose osseuse. Comment en expliquer la genèse ? Dans quelques cas il existe des lésions osseuses articulaires et périarticulaires qui expliquent suffisamment l'ankylose. Cependant, dans la plupart des cas, le traumatisme ne s'est révélé par aucun désordre et l'arthrite ankylosante n'en a pas moins évolué consécutivement. »

« Il existe en effet à la suite des chocs violents sur le menton des fractures du condyle maxillaire encore peu connues. MM. Gernez et Douay, dans des expériences cadavériques ont pu reproduire dans 90 °/° des cas, la lésion suivante du condyle, lésion le plus souvent bilatérale : fracture en V renversé, à pointe supérieure, une double fissure osseuse détachant les masses latérales du condyle. Il semble que le col s'enfonce, comme une tige rigide, dans le tissus spongieux du condyle et la fasse éclater.

« Ces lésions peuvent exister seules, sans fractures de l'arc mandibulaire. Elles s'accompagnent, forcément, d'une hémarthrose et de lésions périostiques qui expliquent l'ankylose consécutive. »

Un autre cas frappant est celui observé par Yakoub : ankylose bilatérale de la mâchoire survenue quelque temps après une chute sur le menton. Au moment de l'accident on n'avait observé aucune fracture et les mouvements du maxillaire s'effectuaient régulièrement.

Nous pouvons ajouter aux lésions obtenues par MM. Gernez et Douay celles que nous avons observées aux condyles dans nos observations : le plus grand nombre sont intra-articulaires et capables de produire ultérieurement une ankylose.

Il existe dans la littérature un bon nombre de ces faits ; nous pouvons citer celui de Renaud (Thèse de Paris, 1878) : il s'agit d'un épileptique tombé face contre terre qui eut une fracture de la paroi antérieure du conduit auditif, avec ankylose consécutive, le sujet ne pouvant plus écarter les incisives que de 1 centimètre. Grouille (*Journal médical de Bordeaux*, 1900) relate le cas d'un soldat qui reçut une ruade sur le menton et qui en conserva les mouvements d'élévation de la mâchoire incomplets après guérison.

Le sujet présentait une fracture de la branche montante gauche et du col du condyle : l'auteur pense que les fragments de celui-ci ont été reunis par un col fibreux peut-être par interposition musculaire et dans une position vicieuse.

Comme conclusion, en ce qui concerne les fractures du condyle, nous insistons sur la nécessité qu'il y a, en face d'une lésion traumatique de la mâchoire de rechercher systématiquement les signes permettant de découvrir les fractures du condyle : tels que douleur, mouvements anormaux, crépitation, qui ne sont pas constants, malheureusement. Dans ces cas la radiographie ne donne pas non plus de renseignements, mais il suffira souvent d'un signe nettement constaté pour faire le diagnostic et appliquer le traitement approprié.

Nous avons retrouvé également expérimentalement les fractures si intéressantes au point de vue clinique du conduit auditif, reproduites déjà par Baudrimont, mais nous n'avons pas constaté comme lui les enfoncements de sa paroi antérieure par le condyle, qui est alors luxé en arrière dans l'oreille. Notons aussi cette fêlure de la base de l'apophyse zygomatique, capable de produire des phénomènes de commotion cérébrale inquiétants. Par contre nous n'avons pas trouvé, ce qui a été signalé, la pénétration du condyle jusque dans le crâne.

La branche montante, quoique moins fréquemment fracturée par un coup porté sur la symphyse que par un traumatisme direct, comme le passage sur la joue d'une roue de voiture, peut cependant se briser ainsi :

dans nos deux cas il s'agissait de pièces où cette portion de l'os était très affaiblie.

La branche horizontale semble se briser à l'occasion des deux mécanismes avec une égale fréquence : c'est ici, avec un coup porté de bas en haut, que l'articulé des dents intervient assez fréquemment. Nous citerons à ce sujet les observations n°s 17, 18, 22. Une autre cause adjuvante de ces fractures est une diminution notable de la résistance d'un point par le fait, soit de l'absence d'une dent et de la résorption consécutive de son alvéole, comme chez le n° 10, soit par la résorption excessive dans toute une région, comme chez le n° 14.

Enfin, dans plusieurs observations la présence du canal dentaire et du trou mentonnier, ainsi que l'alvéole profond de la canine, semblent appeler tout spécialement les fractures.

Nous avons calculé que l'âge moyen de nos sujets porteurs de fractures du condyle est de 63 ans environ ; au contraire ceux qui en ont été exempts avaient 48 ans en moyenne : on voit assez nettement que là comme au fémur par exemple l'âge accroît notablement ce genre de fractures : il en est de même pour celles de la symphyse, de l'angle et de la branche montante, pour lesquelles les sujets avaient 68 ans en moyenne.

Pour les fractures de la branche horizontale, la moyenne des âges de nos sujets est de 56 ans. Cela prouve que dans la vieillesse ce sont surtout les points où il y a beaucoup de tissu spongieux qui deviennent vulnérables car les travées osseuses, disposées auparavant suivant une architecture adaptée aux résistances à fournir, se sont en grande partie résorbées ou affaiblies.

A propos de ces zones de moindre résistance, il faut constater que l'âge ne modifie pas semblablement la résistance des divers maxillaires ; chez tel individu ce sera la symphyse, chez tel autre l'angle, etc., qui seront affaiblis.

Chez le n° 4, par exemple, sujet de 70 ans, la symphyse a gardé une solidité exceptionnelle : ce sont les condyles qui ont souffert.

En résumé, les coups portés d'avant en arrière ont produit :

1° Des fractures fréquentes de la symphyse, fractures directes, par redressement de courbure du maxillaire ;

2° Des fractures indirectes de la branche horizontale, très fréquentes aussi, produites en des points de moindre résistance ;

3° Des fractures des condyles, et en particulier de la partie interne de la tête condylienne, par écrasement contre la cavité glénoïde, celle-ci pouvant d'ailleurs être lésée également ;

4° Une fracture de l'angle, point d'une faiblesse excessive dans ce cas.

Les coups portés sous le menton ont donné :

1° 3 fractures de la symphyse sur 10 cas ;

2° Des fractures fréquentes de la branche horizontale, déterminées, soit par un vice de l'articulé dentaire, soit par la faiblesse de certains points.

En définitive, tout en tenant compte des différences individuelles dans les diverses parties du maxillaire et aussi dans leur affaiblissement par l'âge, il reste vrai qu'il y a des points d'élection pour les fractures du maxillaire inférieur.

Ce sont :

Les condyles, la symphyse, l'angle, surtout chez les vieux, puis le voisinage de la canine et du trou mentonnier.

Avant de conclure, il me reste à exprimer le regret, d'abord de n'avoir pu, faute de temps, étudier un nombre encore plus grand de maxillaires : j'aurais pu probablement trouver un certain nombre de fractures condyliennes isolées pour un trauma moins considérable : le rôle des dents dans la localisation des fractures se serait précisé davantage. J'aurais désiré également rencontrer des sujets ayant toutes leurs dents ; cela est malheureusement rare, mais aurait fourni peut-être certaines autres indications. L'absence d'une ou de plusieurs dents doit agir dans les fractures, non seulement par la perte de substance osseuse par résorption qui suit une extraction, mais aussi par la modification de texture du maxillaire qui le rend plus dense, plus compact et plus dur, mais aussi beaucoup moins élastique qu'ailleurs. Sous chaque dent il y a comme un coussin composé du ligament; de l'os spongieux de l'alvéole qui amortissent souvent le choc qui se produit lorsque la mâchoire est violemment fermée par un coup sous le menton par exemple : là où les dents sont absentes le porte à faux et le manque d'élasticité occasionnent une fracture.

Chez les sujets âgés, la raréfaction sénile de l'os

ajoute encore ses effets, et en réalité elle prend un rôle prédominant.

Dans les déductions à tirer de nos expériences pour ce qui se passera chez le vivant, il faudra évidemment tenir grand compte de la contraction musculaire réflexe des muscles masticateurs qui se produit au moment de l'accident : cela, je le reconnais, peut expliquer dans une certaine mesure que chez le vivant la fracture du condyle s'observe et est signalée rarement. En effet, ces muscles par leur contraction, en immobilisant fortement le maxillaire peuvent empêcher le recul funeste aux condyles et aux articulations.

Néanmoins, malgré cette restriction, je ne varierai pas dans mes conclusions car le recul du maxillaire a été vérifié un certain nombre de fois chez le vivant quand on a constaté des fractures du condyle, et en face d'une force vulnérante considérable comme celles qui produisent les fractures du maxillaire inférieur, je pense que les muscles du sujet doivent fatalement capituler.

CONCLUSIONS

On peut rencontrer après un choc produit d'avant en arrière sur le menton deux sortes de lésions :

1° La fracture directe, au point touché, fracture de la symphyse, par redressement de courbure le plus souvent.

2° Des fractures indirectes, localisées par les conditions suivantes :

a) La direction de la force vulnérante dans le plan sagittal ;

b) Son intensité ;

c) La résistance du maxillaire, suivant l'âge, le sexe, l'absence d'une ou plusieurs dents, etc.

Il y a d'une façon générale des points de moindre résistance ; ce sont ceux où le tissu spongieux domine, et c'est chez les sujets âgés qu'ils se manifestent surtout.

d) L'état de l'articulé dentaire, modifié soit par la perte d'une ou de plusieurs dents, soit par des rapports anormaux des deux maxillaires ou des dents qu'ils supportent.

Ces fractures peuvent se rencontrer sur toutes les parties du maxillaire, mais elles sont surtout fréquentes aux condyles dans nos expériences et il est à présumer qu'elles doivent l'être également en clinique, malgré qu'on n'en parle que rarement, car on ne pense pas assez à les rechercher. Ces lésions des condyles pouvant donner lieu plus tard à une ankylose articulaire, il sera toujours utile dans un cas de traumatisme sur le menton de vérifier l'état des condyles et des articulations.

BIBLIOGRAPHIE

GAILLARD et NOGUÉ. — Traité de Stomatologie. Article Fractures du Maxillaire inférieur, par Dieulafé et Herpin, page 268.

HEATH (1868). — Maladies des mâchoires, pages 10, 11 et suivantes, traduit par Darin.

OMBRÉDANNE. — Maladies des mâchoires, dans le Traité de chirurgie de Le Dentu-Delbet, page 7.

BAUDRIMONT. — Fractures du conduit auditif et luxations en arrière du condyle (1882), page 51.

Bulletin de la Société de chirurgie (1910), rapport de M. Demoulin, sur un cas d'ankylose de la mâchoire opéré par MM. Gernez et Douay, page 220.

Bull. Soc. Chirurgie, 1910. Yakoub, sur un autre cas d'ankylose, page 931.

GROUILLE. — Journal médical de Bordeaux, 1900, page 232.

MAYENNE, IMPRIMERIE CHARLES COLIN

www.ingramcontent.com/pod-product-compliance
Lightning Source LLC
LaVergne TN
LVHW012000160826
845678LV00002B/643

* 9 7 8 2 3 2 9 6 8 3 3 4 8 *